AF295678

ÉTAT-MAJOR DE L'ARMÉE
2e Bureau

ENSEIGNEMENTS

DE LA

GUERRE RUSSO-JAPONAISE

Note n° 8. — Equipement du soldat d'infanterie.

Janvier 1906

Exemplaire n° .... remis à ....

Etat-Major de l'Armée

2ᵉ Bureau

Janvier 1906

Confidentiel

Enseignements de la guerre russo-japonaise

Note N° 8 Equipement du soldat d'infanterie

Equipement du soldat d'infanterie

Equipement du fantassin russe. –

L'équipement du soldat d'infanterie russe comprend: un ceinturon, 4 cartouchières, une bretelle de fusil, un bissac, un étui de bottes de rechange, un étui en cuir pour outil portatif.

La disposition de l'équipement dans la tenue de campagne est la suivante:

L'homme porte à la ceinture 2 cartouchières et une pelle ou hache à main dans un étui.

Il porte de l'épaule gauche à la hanche droite, la cartouchière dite de poitrine, le manteau roulé dans la toile de tente, les extrémités enfoncées dans la petite marmite individuelle en aluminium, les bottes, le bachlyk (à moins qu'il ne le porte sur la tête ou autour du cou).

De l'épaule droite à la hanche gauche, le fantassin porte:

le bissac en toile contenant 2 jours et demi de biscuit et le linge de rechange, le bidon en aluminium dans son enveloppe de drap, le sac à cartouches de réserve (en toile). Certains corps avaient des bidons en bois.

Le bissac porté en sautoir a

remplacé . . . . .

remplacé en 1895 le havre-sac. Le détail de son chargement est le suivant: les vivres, 2 chemises, 2 caleçons, 2 paires de portianki[1], un nécessaire d'armes, les objets de toilette, le gobelet en aluminium.

<u>Cartouches</u>. - Au début de la campagne, le fantassin russe portait 120 cartouches réparties ainsi qu'il suit:

Dans chacune des cartouchières de la ceinture, 6 chargeurs de 5 cartouches. Dans la cartouchière de poitrine (banderole): 30 cartouches en chargeurs ou placées isolément dans des alvéoles. Dans le sac à cartouches de réserve placé sur le côté droit de l'homme, 30 cartouches.

<u>A la suite de l'expérience des premiers combats on augmenta progressivement et de la façon suivante le nombre des cartouches portées par l'homme.</u>

1° en plaçant les chargeurs tête-bêche dans les deux cartouchières du ceinturon. On put ainsi insérer 4 chargeurs de plus dans chacune d'elles et arriver à un total de 100 cartouches.

2° en donnant à l'homme une seconde banderole de 30 cartouches portée de gauche à droite et se croisant sur la première, et une seconde cartouchière de réserve de 30 cartouches.

3° en mettant une trentaine de cartouches dans les poches des hommes. <u>On arriva ainsi à un total de 250 cartouches dépassant le</u>

<u>double</u> - - - ...

____
(1) chaussettes russes

double du poids primitif.

<u>Vivres</u> – En temps normal, le soldat russe ne porte pas de pain. Il peut cependant lui rester dans le bissac une partie de ce que les convois lui apportent de la boulan- gerie pour sa consommation journalière.

Les vivres de réserve comprennent 2 jours ½ de biscuit (concassé en petits mor- ceaux) enfermés dans deux petits sachets en toile se portant de chaque côté du corps, ficelés au manteau ou au bissac. Le reste des vivres de réserve (3 jours de thé, sucre, sel, gruau de réserve) est placé dans le bissac. Quelquefois, mais rarement, il s'y joint une boîte de conserve individuelle por- tée généralement par les voitures du train de combat.

Equipement du fantassin japonais.

<u>Havre-sac</u>. – Le havre-sac du soldat japonais est analogue à l'ancien havre-sac en usage dans l'armée française, recouvert en peau, les poils en dehors.

Le cadre intérieur est en bois léger. Il a 28 cm de largeur, 26 cm de hauteur et 11 cm de profondeur.

Le sac est porté au moyen de deux courroies épaulières se reliant à hauteur de l'aisselle, au moyen d'un bouton d'assem- blage, à 2 autres courroies dont l'une,

terminée ----

terminée par un crochet plat en laiton, s'accroche à la tranche inférieure du ceinturon tandis que l'autre passe sous le bras et se boucle à la partie inférieure du havre-sac.

On a distribué, en cours de campagne, à un certain nombre d'hommes un sac mou recouvert de toile khaki et dans lequel la buffleterie était remplacée par des sangles khaki. Un autre sac en expérience épousait la forme extérieure du dos de l'homme.

L'essai de sac mou ne paraît pas avoir donné de résultats satisfaisants. D'après le Lt-Colonel Corvisart on continuera probablement à se servir du havre-sac actuellement en usage en y maintenant les trois modifications qu'on y a apporté en 1905 pour l'équipement des unités de nouvelle formation.

Ces modifications sont les suivantes:

1° Élargissement à 5 cm de la courroie de charge dans la partie qui repose sur l'épaule.

2° Suppression du cuir noir pour toutes les courroies qui seront désormais en cuir fauve.

3° Modification à la forme de la partie du cadre qui s'appuie sur le dos afin de lui permettre de mieux se mouler aux omoplates et au bas du dos. Les tranches

inférieures -----

inférieure et latérales du cadre sont légèrement évidées ou échancrées en vue d'éviter la fatigue et les blessures ; seule la tranche supérieure conserve sa forme rectiligne.

Contenu du sac.- A l'armée de Mandchourie, le contenu réglementaire du sac (paquetage d'hiver le plus pesant) était le suivant :

1 paire de chaussettes d'hiver en laine tricotée,
1 paire de chaussettes de coton,
1 caleçon d'hiver en tricot de laine,
1 jersey en tricot,
1 chemise en cotonnade épaisse,
1 paire de gants de laine,
2 rations de riz en 6 sachets de 125 gr. chacun,
2 petits sachets contenant l'un 22 gr. 5 de sucre, l'autre 15 gr. de thé,
2 rations de conserves de viande en boîtes de 24 gr.
1 boîte en fer blanc contenant de la graisse à fusil,
1 trousse,
1 brosse à habit ou brosse à souliers.

Dans la patelette se trouvaient les pièces de rechange du fusil (un percuteur, une tête mobile, un ressort d'extracteur, un extracteur) et le livret militaire.

Au cours de la campagne on plaça dans le sac 80 cartouches lorsque le nombre des cartouches portées par l'homme fut porté réglementairement à 200.

Ceinturon..,....

<u>Ceinturon</u>. – Le ceinturon a boucle de cuivre avec ardillon supporte 3 cartouchières rigides.

Deux petites cartouchières pesant vides 565 gr. <u>chacune</u> et contenant 30 cartouches (6 lames chargeurs) sont portées par devant une de chaque côté de la boucle du ceinturon. La 3ᵉ cartouchière contenant 60 cartouches se porte par derrière. Elle pèse, vide, 590 gr.

<u>Porte-Sabre</u>. – Le porte-sabre est semblable au nôtre ; il contient un court poignard-baïonnette à lame plate et à <u>fourreau</u> <u>bronzé</u> pesant 630 gr.

<u>Chargement extérieur du sac</u>. – Les objets suivants sont fixés extérieurement sur le sac:

Un outil portatif fixé tantôt horizontalement à la partie supérieure du sac, tantôt verticalement, le manche en bas, sur le côté du sac.

<u>Une marmite individuelle</u> (en aluminium allié à 3 centièmes de cuivre) fixée sur la patelette par la grande courroie de charge. Elle se compose du corps, du couvercle, d'un casier intérieur formant assiette et d'une anse de suspension pouvant se rabattre autour de la gamelle.

On a ainsi un récipient permettant de cuire les aliments et deux plats.

<u>La marmite individuelle est recouverte d'un enduit vernissé de couleur khaki</u>. Sa contenance est de 1 lit. 803 - Son poids de 455 gr.

Une paire ------

Une paire de chaussures de rechange placée du côté opposé à l'outil, ou de chaque côté du sac quand l'outil est placé horizontalement. Poids 1ᵏ360.

Une couverture de campement (2ᵏ100) placée autour du sac qu'elle entoure de 3 côtés.

Le manteau roulé en cylindre est placé à la partie supérieure en avant de la couverture.

Une toile de tente (1ᵏ070) roulée de la même façon et contenant deux montants (320 gr.), 2 piquets (100 gr.) et un cordeau (50 gr.) est assujetie à l'extérieur et contre le manteau.

Quelquefois la toile de tente sert d'enveloppe au manteau et à la couverture.

<u>Étui - musette</u>. — L'étui - musette est confectionné en toile à voile de <u>couleur khaki</u>. Il pèse 260 gr. et se porte généralement en sautoir de l'épaule droite à la hanche gauche.

Il renferme en principe :

Le quart en aluminium (37 gr.) pouvant aussi se porter au ceinturon ou accroché au bidon.

Une ration de biscuit de 225 gr.

La boîte à médecine contenant des pilules d'un composé de quinine, créosote, etc.

Le bouchon de fusil.

Les cartouches et rations supplémentaires.

Du savon, la brosse à dents et la poudre dentifrice.

Une serviette .....

Une serviette, du papier, la pipe et le tabac ou les cigarettes.

En hiver, la boîte à onguent contre la congélation.

__Bidon__. - Le bidon est, comme la marmite, en aluminium verni en khaki à l'extérieur. Il se porte en sautoir de gauche à droite.

Contenance 0 lit. 630. Poids avec la bretelle 280 gr. Il peut aller au feu.

__Paquet de pansement__. - Ce paquet pèse 70 gr, il se porte dans une petite poche ménagée dans la doublure au bas de la veste.

Deux petits paniers en osier suspendus soit au ceinturon, soit à une autre partie de l'équipement, portent le repas préparé à consommer en route.

__Étui de cotonnade__. - En prévision du cas où l'on ferait déposer les sacs avant le combat ou avant une marche rapide ou prolongée, le soldat japonais est muni d'un long étui de cotonnade khaki analogue à celui que portent en voyage les gens du peuple japonais.

Cet étui se porte en sautoir de droite à gauche. Les extrémités se nouent sur la poitrine.

Son poids est de 430 gr. Il renferme les vivres, les cartouches, les pièces de rechange.

Dans ce cas le manteau roulé dans la toile de tente est porté en sautoir de gauche à droite. L'outil est fixé au ceinturon.

Poids porté par le fantassin russe.

Le poids total de la charge du fantassin russe est de 28 k. quand il ne porte que 120 cartouches. Dans la pratique, il atteignit souvent 32 k. et même 34 k. 200 d'après un rapport du commandant Boucé.

À plusieurs reprises le Général Kouropatkine fit alléger les hommes qui ne portèrent que les cartouches, les vivres et l'outil.

Poids porté par le fantassin japonais.

Le havre-sac chargé pèse de 12 à 16 k. selon les circonstances. En général, il a été assez lourdement chargé, les hommes ajoutant souvent à leur chargement réglementaire un certain nombre d'objets.

Avec 200 cartouches, 2 jours de vivre et un jour de biscuit, le poids total porté était de 25 k. Dans certains cas, il a atteint le chiffre énorme de 34 k (Général Lombard).

On peut dire qu'en général le fantassin japonais a été aussi chargé que le nôtre et même davantage pendant la saison d'hiver.

Dispositions spéciales prises pour alléger le fantassin japonais.

Il y a lieu de distinguer deux cas :
1°.- Marches loin de l'ennemi. Ce cas a

été.......

été l'exception pour l'armée en général, l'ennemi étant toujours à proximité de la zone où les forces japonaises s'étaient arrêtées à la suite de la bataille précédente.

De telles marches n'ont été exécutées en Mandchourie que par les troupes de renfort ralliant l'armée pendant l'été de 1904 alors que le chemin de fer du Liao Toung n'était pas encore exploité par les Japonais et par les troupes de la 3ᵉ armée se transportant de Port Arthur à Liao Yang au commencement de l'année 1905.

Les troupes de renfort, marchant pendant l'été 1904, ont été presque complètement déchargées grâce à l'emploi de voitures de réquisition qui les suivaient d'un gîte à l'autre.

De même, pendant l'été 1905, les hommes de renfort envoyés à l'armée étant pour la plupart assez jeunes et nullement entraînés, on avait soin, en général, lorsque la distance entre la gare de débarquement et le lieu de destination comprenait plusieurs étapes, de ne laisser aux hommes que la capote roulée dans la toile de tente portée en sautoir et les vivres avec quelques objets de rechange portés dans l'étui de cotonnade dont il a été déjà fait mention, étui qui formait une bandoulière portée en croix avec la capote.

Les sacs étaient portés sur des voitures chinoises de réquisition.

Il a été ------

Il a été rapporté au Général Lombard que les troupes de la 3e armée allant de Port Arthur à Liao Yang auraient marché avec une partie seulement de leur chargement normal; les bagages et impedimenta avaient été envoyés par voie ferrée directement à Liao-Yang.

2° <u>Marches à proximité de l'ennemi.</u>

Pour les marches en vue du combat, les hommes avaient en général leur char. gement complet.

Lorsqu'on arrivait à distance d'engagement, dans certaines divisions, les hommes conservaient le sac, dans la plupart ils le déposaient et se constituaient un paquetage de combat comprenant les vivres du sac (2 jours ou davantage) et les cartouches du sac (60 à 80) placés dans l'étui de cotonnade porté en sautoir de l'épaule droite à la hanche gauche, les deux bouts tordus se nouant sur la poitrine, la charge en arrière

Sur ce paquetage étaient fixés avec des ficelles la marmite individuelle, l'outil portatif, la toile de tente et pendant l'<u>hiver une enveloppe de sac à terre.</u>

Dans certains corps, le paquetage était fait dans la toile de tente.

Ce paquetage de combat fut essayé tout d'abord pendant l'été 1904.

A la bataille de Shu-Shan-po, le

31 août - - - - -

31 août 1904 le Général Lombard vit à l'entrée de la zone de combat des monceaux de sacs gardés par deux hommes de chaque compagnie. La troupe combattit et donna l'assaut avec ce paquetage de combat.

A la bataille de Hé-kou-taï (San-depou) les hommes de la 2ᵉ Armée enlevèrent le sac et la capote et donnèrent l'assaut en gilet d'hiver avec le paquetage de combat.

A la bataille de Moukden ces mêmes hommes gardèrent le sac au combat. A la 5ᵉ division quand ils étaient arrivés à la limite où le feu de l'ennemi les arrêtait absolument à quelques centaines de mètres de la position ennemie, ils déposaient leurs sacs et s'abritaient derrière pour tirer.

Le paquetage de combat allégeait sensiblement l'homme et il avait le grand avantage de lui rendre le port de la charge moins pénible, les Japonais étant accoutumés à porter leurs paquets de cette manière. En outre, le fantassin japonais, qui emploie fréquemment la position couchée au combat, n'aime pas à tirer dans cette position avec le sac sur le dos ; avec le paquetage de combat, qui repose à terre à côté de lui, il tire beaucoup plus commodément.

Lors de la bataille de Moukden les régiments de la 1ᵉ division reçurent dès le

24 février ----

24 février l'ordre de constituer en arrière des lignes du Chaho des dépôts de sacs qui furent laissés à la garde d'éclopés ou de malades convalescents.

Ils ne retrouvèrent leurs sacs qu'au bout d'un mois.

En résumé pour franchir sous le feu de l'ennemi la zone de mort de 3 à 400 mètres qui les séparait de la position ennemie, les Japonais ont toujours déposé le sac.

Dans certains cas on a même fait déposer les sacs avant d'engager une grande bataille.

Appréciation du Capitaine Soloviev du 9e Régt de Tirailleurs de Sibérie Orientale.-

"L'habillement, la chaussure et l'équipement de nos soldats, ont contribué beaucoup à les alourdir aussi bien dans les marches que dans les combats.

"La capote manteau devient vite un lourd fardeau, surtout après les pluies, mais, faute d'avoir une pèlerine imperméable, les soldats la gardèrent même après l'arrivée des chaleurs.

Les bottes sont trop lourdes.

"

L'obstacle principal à la liberté des mouvements du soldat pendant les marches et les combats sont les sacs informes qui font partie de l'équipement du soldat.

En marche -----

"En marche ils ballottent, au pas de course ils tapent sur les jambes et font tomber. Ils tirent en arrière quand on escalade un mamelon, en avant quand on descend.

"Quand le tireur se couche il a fort à faire avec ses sacs qui le gênent.

"Quand il veut ramper, ils s'accrochent aux aspérités, aux broussailles et traînent sur le sol.—

"L'incommodité de notre équipement a été mise très fortement en relief par la guerre actuelle."

Appréciations des Officiers de la 35e Division.—

"La plaque du ceinturon est lourde, elle se rouille et se décroche, elle doit être remplacée par une boucle.

"Les cartouchières rigides qui ballottent sur le ventre devraient être remplacées par deux sacs mous en toile imperméable contenant chacun de 40 à 60 cartouches. On les passerait dans un ceinturon plus solide et plus large que celui qui est en usage.

"En outre un baudrier sur la poitrine contiendrait 60 cartouches. Enfin un sac en peau dit "de combat" contiendrait une réserve de 60 cartouches, (les paquets placés tête bêche) qui se porterait sur les reins.

Ce sac ————

"Ce sac contiendrait en outre un peu de graisse, des chiffons et la trousse.

"La graisse est indispensable pour faciliter l'ouverture de la culasse quand cette dernière s'encrasse.

"Le sac en peau permettrait de supprimer le sac à cartouches de réserve en toile qui n'est pas solide et ballotte continuellement.

"Il faudrait remplacer le bissac actuel porté en sautoir par un havre-sac mou en toile imperméable porté sur le dos.

"Chargement proposé : biscuit un jour, sucre et thé 2 jours. Le gobelet, les brosses les bottes de rechange et leur étui, le bachlyk, le couvre-oreilles seraient supprimés."

Appréciations du Commandant Boucé.
"A plusieurs reprises, le Général Kouropatkine a prescrit d'alléger autant que possible la charge du soldat. Ce dernier a eu beaucoup à souffrir du lourd fardeau qui lui était imposé.

"Robuste, patient, habitué aux durs besognes il marchait quand même, lentement il est vrai mais longtemps, témoin les navettes accomplies en deux jours par le 1er Corps de Sibérie pour se porter de la gauche à la droite des armées et inversement. C'étaient d'ailleurs des hommes solides que ces soldats des régiments de Mandchourie

Très......

triés, sélectionnés grâce au fort contingent dont dispose l'empire russe, mais le poids total porté atteignit 34ᵏ 200 et l'on peut se demander si d'autres soldats auraient pu dans de telles conditions couvrir les distances qu'ont parcourues ces hommes dont beaucoup en passant devant nous paraissaient écrasés sous leur charge.

"La majeure partie de cette charge était d'ailleurs très mal répartie. Tout le monde se plaint du paquetage actuel, de la multiplicité des courroies qui, outre le temps qu'elles exigent pour être arrimées, scient le dos et les épaules ; du port en sautoir du manteau et de la tente abri qui compriment la poitrine ; du bissac et des sacs qui écrasent les hanches et les reins, ballottent sur les cuisses.

On peut se demander comment en 1892 l'armée russe a abandonné le sac pour adopter ce mode de paquetage. Comme beaucoup de procédés constatés dans la guerre actuelle et je ne dirai pas des meilleurs, c'est un souvenir de la guerre des Balkans pendant laquelle Skobeleff ayant permis à ses hommes de porter leurs effets à leur guise, ils adoptèrent un mode d'arrimage analogue à celui qui est en usage aujourd'hui. Tout fait prévoir que l'expérience de cette campagne fera revenir à un mode plus pratique.

En raison de l'énormité du poids transporté----

transporté, beaucoup d'objets de paquetage furent jetés par le soldat pendant la retraite de Moukden. Harassé, épuisé, il se débarassa surtout des munitions, témoin les nombreuses détonations que l'on put entendre lors de l'incendie des locaux qu'avaient occupés les troupes.

Appréciation du Lt Colonel Corvisart sur les objets en aluminium..

Les objets en aluminium (gamelle, bidon, quart) qui font partie des ustensiles de campement du soldat japonais ont donné au cours de la campagne de Mandchourie les meilleurs résultats. Sans parler de leur légèreté par rapport à ceux en fer battu, ils ont comparativement bien résisté aux chocs, constituent des instruments de cuisine propres et hygiéniques, ne donnent aucun goût à la boisson ou aux aliments qu'ils renferment, supportent bien le feu, sont conducteurs de la chaleur, ce qui permet d'économiser du combustible, et s'usent en général moins rapidement que les objets en fer étamé.

Résumé - Conclusion

Les fantassins russe et japonais étaient très lourdement chargés (28 à 34^k pour le fantassin russe) - (25 à 34^k pour le fantassin japonais).

Ces charges énormes résultaient au moins en partie de la nécessité de donner aux hommes des vêtements d'hiver forcément très lourds.

Bien que la campagne ait pris la physionomie d'une guerre de positions dans laquelle on a peu manœuvré et par conséquent peu marché, les hommes paraissent avoir beaucoup souffert du poids exagéré du paquetage et lorsque l'on n'a pas pris de dispositions pour alléger la charge du soldat, il s'est débarassé de lui-même d'une partie de cette charge.

Les Japonais ont toujours déposé le sac pour franchir, sous le feu de l'ennemi, la zone de mort de 3 à 400 mètres qui les séparait de la position ennemie. Dans certains cas on a même fait déposer les sacs avant d'engager la bataille.

Dans une guerre européenne entre armées imbues de la nécessité de manœuvrer et opérant dans un pays où les communications sont beaucoup plus faciles qu'en Mandchourie, les troupes auront

sans ------

sans aucun doute à exécuter de longues marches. L'énormité des effectifs employés obligera souvent l'infanterie à faire de longs parcours à travers champs avant d'entamer le combat qui parait devoir être si fatigant pour le fantassin par suite de la nécessité de se défiler aussi complètement que possible, de traverser à la course les espaces découverts, de se courber et de se coucher constamment, de creuser la terre souvent sous le feu de l'ennemi.

Au moment où toutes ces raisons plaident en faveur de l'allègement du fantassin, il semble indispensable de lui donner un outil de pionnier, et un nombre de cartouches notablement supérieur à celui qu'il portait jusqu'ici (200 à 250 d'après ce qu'ont fait les Russes et les Japonais).

Sans durer jusqu'à 12 et 15 jours comme certaines batailles de la dernière guerre, on peut prévoir pour les batailles européennes une durée de plusieurs jours, au cours desquelles beaucoup d'unités auront à vivre sur le sac. Il semble donc que ce ne soit pas sur les vivres qu'on puisse opérer une réduction de la charge, mais sur tous les effets qui ne sont pas strictement indispensables et sur le poids du sac et des ustensiles. Les modèles en aluminium des Japonais, paraissent leur avoir donné toute satisfaction.

Le paquetage russe avec ses courroies multiples -----

multiples et ses sacs nombreux et mal assujettis a été l'objet de justes critiques.

Le fantassin au combat doit faire une véritable gymnastique ; il doit pouvoir tirer couché, sans être écrasé par son sac ou congestionné par trop de courroies. Son salut dépendra souvent de son agilité et de la liberté de mouvement que lui laissera son paquetage.

Enfin, tous les effets d'équipement comme ceux d'habillement devront être aussi peu visibles que possible. Les teintes à leur donner devront être neutres et se rapprocher des fonds habituels du terrain.

Dans son rapport d'ensemble, le Général Silvestre émet à ce sujet l'avis suivant :

"Le tir derrière abri et à défaut le tir couché sont seuls possibles.

"Malgré les principes de Dragomiroff recommandant le tir debout, la nécessité ne tarda pas à forcer les Russes à ne tirer que couchés.

"Mais le tir couché pour être précis exige une préparation poussée très loin et notre règlement de tir insiste avec raison sur le dressage physique du tireur.

"Ce dressage doit être journalier pour que le tireur couché arrive à prendre naturellement, et sans effort, la position la plus convenable dans tous les terrains et

puisse ......

puisse, sans fatigue, la conserver pendant longtemps.

"Le sac actuel de notre fantassin est un obstacle presque insurmontable à la bonne exécution du tir couché.

"Il produit une gêne qui ne tarderait pas à rendre le tir sans précision. Dépassant les épaules, il augmente dans une proportion considérable la visibilité du tireur, la gamelle brillante qui le surmonte suffisant à elle seule, en reflétant les rayons du soleil ou en semant le terrain de points blancs, à dévoiler aux vues la ligne de tirailleurs la mieux dissimulée.

"Ce sac doit être supprimé sans retard.

"L'une des difficultés les plus grandes dans le tir couché provient de l'obligation de mettre une cartouche à chaque coup et de la prendre dans une giberne aussi incommode que mal placée pour cette position. Les inconvénients de l'absence de chargeurs et d'un mécanisme qui permette d'épuiser le chargeur ou le magasin, en conservant l'arme à l'épaule, se feront vivement sentir dans les guerres de l'avenir.

"Il est urgent d'étudier toutes les dispositions de l'équipement qui pourront faciliter l'exécution du tir couché. La banderole souple, en toile, remplie de chargeurs, que portaient les Russes en bandoulière, paraît être une solution avantageuse. Elle déchargerait en outre la ceinture et répartirait d'une façon plus favorable le poids porté par le fantassin.

"En outre, la guerre moderne exige la disparition de tout objet brillant dans l'équipement et l'armement.